Geschafft

Geschafft

Idee und Texte: Michael Kernbach
Cartoons und Illustrationen: Miguel Fernandez

2. Auflage 2013

Postfach 3407 · 26024 Oldenburg
www.lappan.de
Herstellung: Ulrike Boekhoff
Printed in Italy
ISBN 978-3-8303-4265-6

Der Lappan Verlag ist ein Unternehmen
der Verlagsgruppe Ueberreuter.

Du hast es

Geschafft

Endlich Abitur!

Nie mehr Cooper-Test

Ausdauer ist im Erwachsenenleben ein Thema von größter Bedeutung, was es wiederum nur noch verwunderlicher macht, dass man dieses entscheidende Leistungsmerkmal nicht in einem Bett, in einer Disse oder an einem Pokertisch prüft, sondern auf einem Sportplatz.

Na, Bravo, als ob es in Zukunft von irgendeiner Bedeutung wäre, wie weit man in 12 Minuten laufen kann. Wenn sich das nächste Mal jemand für Ihr Lungenvolumen und Ihre Blutwerte interessiert, kommen Sie jedenfalls ohne das Gerenne aus. Aber, leider, anschließend auch nicht mehr ohne Pillen und strikte Ernährungsvorschriften. Bis dahin ist aber noch eine Weile Zeit, in der Sie Ihren Körper, jetzt völlig unkontrolliert, desavouieren können. Wir wünschen dabei viel Freude, und halten Sie es beim Rennen in Zukunft mit der alten Fußballregel: immer den Ball und Gegner laufen lassen.

Nie mehr Punkte zählen

Warum gibt es wohl ausgerechnet in der Berufsgruppe Fußballtrainer so wenige Menschen mit Hochschulreife? Logo: Wer intellektuell die Tiefe eines Kneipptretbeckens hat, wird in seiner Jugend nie eine Oberstufe betreten und so auch nie gelernt haben, wie ätzend es ist, ständig die Punkte zum Erhalt der Klasse zählen zu müssen.

Eine Erfahrung, die Sie wiederum in den letzten zwei Jahren zur Genüge machen und mit dem Abitur erfolgreich abschließen durften. Keine Punkte mehr zählen, das heißt: Nie mehr hündische Unterwerfungsgesten und keine FSK-18-Dekolletés, nur um von halbtoten Musiklehrern im prämortalen Hormonrausch sechs Punkte zu kriegen. Derlei Selbsterniedrigungen werden zwar auch in Zukunft hie und da nötig sein, jedoch nicht mehr für schnöde Punkte, sondern gegen gutes Geld, Blitzkarriere oder zur Verhinderung eines Gütertrennungsvertrags. Punkte werden in Zukunft für Sie gezählt, und zwar in Flensburg, wo es reziprok zum Abi und analog zum wahren Leben heißt: Weniger ist meistens mehr!

Endlich nicht mehr zu spät kommen

Dem Glücklichen, so wusste doch sicher auch Ihr OStR Deutsch zu berichten, schlägt angeblich keine Stunde. Und er hat recht, denn nun, mit Überschreiten des Hochschulreife-Äquators, spielt Zeit für Sie tatsächlich keine Rolle mehr.

Ein deutscher Abiturient Ihres Jahrgangs, es ist einfach Hammer, kann nicht zu spät kommen. Das haben nämlich seine Eltern längst für ihn erledigt und Sie in eine Welt hineingeboren, wo das pünktliche Erscheinen im Hörsaal wegen der Überfüllung, so, wie das rechtzeitige Eintreffen zum Eignungstest wegen Überkonkurrenz, völlig sinnlos ist. Vergessen Sie darum das Ding mit der Uhr und verlassen Sie sich lieber auf staatliche Transferleistungen, die kommen auch ohne Chronometer pünktlich. Und das, ohne aufzustehen. Deutschland hat schließlich ein Hartz für Kinder!

ENTSCHULDIGUNG, ICH HAB VERSCHLAFEN.
WIR HABEN MITTE APRIL!!
Karl der G
748 – 814
– König de
Franken
– Kaiser al
800
↳ „karolingis
Renaissan

Nie mehr Schulaufführung

Wussten Sie, dass „666", die Zahl des Satans, auf einem Übersetzungsfehler basiert? Word! Und, seien Sie sicher, es ist nicht der einzige! Pädagogik etwa soll angeblich „Erziehung" bedeuten, dabei kann die Wortwurzel eigentlich nur für „Erniedrigung" stehen. Denn die Typen, die sich Ihnen als Pädagogen präsentiert haben, waren doch alle Sadisten und Misanthropen reinsten Wassers.

Nur so ist es zu erklären, dass man Sie zur Teilnahme an entwürdigenden Schauspielen zwang, die unter dem Begriff „Schulaufführung" eigentlich in die Charta der geächteten Foltermethoden gehören. Ob im Winsel-Chor der Stimmbrüchigen oder im Ballett der entehrten Teenager im lustigen Blumenkostüm – dem Einfallsreichtum Ihrer Peiniger schienen keine Grenzen gesetzt. Erfreuen Sie sich ab jetzt der viel zu kurzen Lebensspanne, die Ihnen nun ohne diese widerwärtigen Zeitstrafen bleibt, bevor Sie, wegen der eigenen Kinder, erleben werden, wo der eigentliche Stuhl der Schmerzen steht: im Zuschauersaal nämlich.

Nie mehr Freistunden

Sie als Insider wissen natürlich, warum Bildung in Deutschland immer mehr zu einer Sache für Besserverdienende wird. Es liegt an den zahllosen Freistunden, die ein Oberstufler - dank des stabil hohen Unterrichtsausfalls - in Studentencafés absitzen muss.

Verschwörungstheoretiker vermuten dahinter ein System, eine Art Latte-Mafia, die ganze Hundertschaften von Studienräten für das Blaumachen mit Freikarten für Kultur-Bordelle wie die Mailänder Scala schmiert. Wie dem auch sei, diesen teuren Leerlauf können Sie sich zukünftig schenken. Entweder, weil Sie als Praktikant in der 24/7-Schicht sowieso keine Zeit mehr haben, das Geld auszugeben, das man Ihnen nicht zahlt. Oder weil Sie als Aushilfe bei Starbucks Teil des Systems geworden sind. Egal, wo es Sie hinverschlägt, eines ist sicher: Freie Stunden, das war gestern!

Nie mehr Schulbus fahren

Auch wenn Schule, geben wir es zu, im großen Ganzen echt o.k. gewesen ist, leidet die Location an sich leider an denselben Problemen, wie wir sie aus Fußballstadien kennen. Besonders An- und Abfahrt sind total schlecht organisiert, und in den Bussen hängen Gestalten ab, die selbst in Mordor nicht frei rumlaufen dürften.

Weil deutsche Schulen aber weder Gleitzeit noch Zeitkonten kennen, ist Schulbus fahren eine Situation, der Sie bisher leider kaum ausweichen konnten. Machen Sie zukünftig einen weiten Bogen um diese rollenden Bildungsghettos, oder warten Sie ein paar Jahre, bis Sie alt genug wirken, um als „Rausstups-Girl" oder „Ranzen-Raus-Man" Rache an dem Geschmeiß zu nehmen, von dessen älteren Geschwistern Sie bis jetzt jeden Morgen malträtiert wurden.
Tipp: Aussteigen, bevor die kleinen Wanzen ihre mittlerweile vorbestrafte Mischpoke zu Hilfe holen!

ALTER, NIMM DEN NÄCHSTEN BUS! DER HIER IST VOLL!
ICH BIN DER FAHRER.
H

Endlich schon morgens auf Drogen

Morgenstund hat Speed im Mund, ein alter Kalauer aus den besten Raver-Zeiten der 1990er, kann und darf natürlich kein Lebensmotto für Sie sein. Wenn wir hier über das heikle Thema Drogen reden, dann natürlich nur über kraft- und leistungsstärkende Präparate, wie sie von Weltmeistern und Olympiasiegern vorbildlich eingesetzt werden.

Das Leben ist nun mal kein Ponyhof, und Sie dürfen nicht erwarten, mit Ovomaltine und Knoblauchpillen auch nur einen Jahresvertrag in der Stromberg-Preisklasse zu bekommen. Reichern Sie Ihr Frühstück darum mit Eiweiß- und Koffeinpräparaten an, und glauben Sie bloß nicht, dass die für Erfolg nötigen Dosen durch Frühstücksei und Kaffee zu decken sind. Wenn Sie Unterstützung brauchen, fragen Sie nicht Ihren Arzt oder Apotheker, sondern Ihren Stammkursleiter, der über eine Hammerrezeptur verfügen muss, denn irgendwas muss ihm ja die Kraft geben, da jeden Morgen wieder rauszugehen.

Nie mehr Käseeckchen spielen

Dass Deutschland immer so schiefe PISA-Werte hat, ist für Sie, bis eben noch Teil dieses Bildungssteinbruchs, natürlich kein Wunder. Wer den ganzen Vormittag „off" ist, weil er sonst Gefahr läuft, das iPad oder das Smartphone an die Gierkralle am Pult abgeben zu müssen …

… und deswegen seine Zeit mit Steinzeitspielen wie „Schiffe versenken" oder „Käseeckchen" vertreiben muss, kann gar nicht adäquat für den globalen Wettbewerb gerüstet sein. Da bieten die nun kommenden Lebensabschnitte ganz andere Möglichkeiten. Egal, ob Studium oder Beruf, ein Mensch mit Abitur kann sich einen Platz im Leben sichern, an dem er rund um die Uhr bei Facebook posten kann. Um den Wert dieses Feldvorteils ein Leben lang richtig einzuschätzen, empfehlen sich regelmäßige Ferien auf dem Bauernhof oder – für Hartgesottene – Arbeitseinsätze bei einer Straßenmeisterei.

BOAH, DIE TÜTE RAUCH ICH ABER NICHT IN EINEM STÜCK!

Nie mehr ein Gedicht interpretieren

Gedichte, vorgetragen mit der unvermeidlichen Begleitfrage „Was will uns der Dichter damit sagen“, haben Sie mindestens drei Lebensjahre wegen emotionaler Verödung gekostet.

Das war einmal! Als zertifizierter Abiturient haben Sie zukünftig lebenslange Gedichtsfreiheit, werden aber feststellen müssen, dass die nun folgenden, interpretationsbedürftigen Texte der Zukunft, vorgetragen von Lebenspartnern oder von Bank-, Versicherungs- und Inkasso-Angestellten, auch nicht besser sind als die langweiligen Sonette. Nur hinterhältiger. Und gereimt sind sie auch nicht mal.

Nie mehr abschreiben

Wissen heißt: wissen, wo's steht. Auf den ersten Blick auch nur einer von diesen Schweinchen-Schlau-Sprüchen, die in der Realität gerade mal rein gar nix bringen. Ihr Wissen etwa, dass die nötigen Infos zu praktisch jeder Klausur im Heft Ihres Banknachbarn standen, hat Ihnen statt einer Belobigung für gelebte Lehrmethodik bestenfalls Zero Punkte und einen Brief an Ihre Eltern eingebracht.

Klingt somit voll link, ist aber nichts anderes als eine unterschwellige Vorbereitung auf das Leben jenseits der Schulbank, für die Sie später sehr dankbar sein werden. Denn Abschreiben zu lernen, ohne dass es einer merkt, ist ein grundlegender Baustein für berufliches Fortkommen. Die Wissenschaft hat diese Kunst so sehr verfeinert, dass sie sogar über sogenannte Fußnoten angibt, wo gerade bei wem abgeschrieben wurde. Sie befinden sich also beim Abschreiben in feinster Gesellschaft. No time to waste? Do copy and paste!

Endlich mal was erreicht

Alter Verwalter, endlich Abi und damit auch mal wieder was nach Hause geholt. O.k., wurde auch mal wieder Zeit. Denn seit dem Seepferdchen und der Mal-Medaille aus der Siebten, hat sich in Bezug auf Auszeichnungen vielleicht nicht sooo furchtbar viel getan.

Anyway, jetzt sitzt der Intellektuellen-Award; und vor allem die Ehrenrunde durch die Verwandtschaft kann die Ausmaße einer Kommunion 2.0 annehmen. Schließlich sind Sie praktisch schon so was wie ein Oberarzt oder Chef vom Bundesverfassungsgericht, da sollten die spacken Verwandten nicht so kleinlich sein. Um die so gewonnenen Barmittel in aller Ruhe ausgeben zu können, empfehlen wir ein freiwilliges soziales Jahr bei einem Umweltprojekt oder an einer Uni. Besser lässt sich Partymachen nach außen nicht verkaufen. Und gut für den Lebenslauf ist es auch noch. Mann, und schon wieder was zum Vorzeigen, passen Sie nur auf, dass das nicht zu einer Gewohnheit wird!

Endlich nie mehr Grundkurs

Welcher Schwachmat auch immer sich das Kurssystem deutscher Oberstufen ausgedacht hat: Er ist verantwortlich für die Burn-out-Problematik, die unter den Studienräten unseres Landes grassiert.

Denn die Idee, Schulfächer, die man eben noch unter lautem Jubel aus seinem Leben herausgewählt wähnte, zwangsweise in einem Grundkurs weiter unterrichten zu lassen, schafft natürlich ein Arbeitsklima des deklarierten Desinteresses, das besonders für die geschulte Lehrkraft ein reiner Ritt durch die Hölle ist. Eine Hölle, der Sie nun, dank erreichtem Abitur, glücklich entronnen sind und in der nun nur noch das Lehrgut weiterschmort, das Sie zwei Jahre lang mit hirntotem Stoff für gerade mal fünf Punkte zu Tode gelangweilt hat. Eine Erkenntnis, die Ihnen jetzt einen Beweis liefert, den Ihnen der Religrundkurs in der ganzen Zeit schuldig geblieben ist: Es gibt einen gerechten Gott.

WER WAR DAS?!

Nie mehr Patenschüler

Mit dem Abitur haben Sie nicht nur die Hochschulreife geschafft, sondern auch so manchen inneren Konflikt ausgestanden. Besonders fettes Beispiel: Leben mit Darwin. Läuft etwa so: Kriegt man in Bio gesteckt, von wegen natürliche Auslese, der Sieg des Stärkeren und so'n Zeug, aber zeitgleich gibt es Patenschüler.

Über Jahrhunderte hinweg genau die Sorte Nacktmulch von Fünftklässler, den man, rein evolutionsbiologisch gesehen, mit dem Kopf in den Papierkorb stecken oder nackt in die Mädchendusche schubsen muss. Stattdessen gilt die Regel, nett zu sein und so. Triebunterdrückung pur, Alda. Gott sei Dank endet dieses widersinnige Spiel gegen die Gesetze der Evolution mit dem Verlassen der Oberstufe. Im wahren Leben werden garantiert die Neuen und Jungen am meisten gemobbt und gefoppt. Schade nur, dass diese Opferbeschreibung ausgerechnet erst mal auf Sie zutrifft. Dumm gelaufen, trotzdem alles Gute!

Endlich Poppen im Ausland

Traurig, aber wahr: Einen Platz mit Aussicht auf den großen Schotterberg kriegt man heute nicht mehr ohne ein paar Highlights im Lebenslauf wie z.B. Auslandsaufenthalt. Weil hier Ihre Opfererfahrung mit den 70% Migrantenanteil auf dem Schulhof aber nicht zählt, sagen wir Maseltow! zu der einmaligen Gelegenheit, mal woanders das Gesicht zu zeigen, das zu Hause eh schon alle kennen.

Schon drüber nachgedacht, warum beim Fußball nur Auswärtsfans den Ärger machen? Weil die morgen wieder weg sind! Eine Einstellung, die sich nahtlos auf Studiensemester in praktisch jedem Ausland übertragen lässt. Also los, nur Mut, ran an den Brust- und Lendenspeck der anderen Kulturen, keine Feier ohne Meier, denn was auch immer Sie anrichten, zu Hause kräht später kein Hahn danach. Und das alles auch noch subventioniert aus der Haushaltskasse des großen Familienvorsitzenden. Party und Poppen auf Papas Tasche, ganz, ganz ehrlich: Besser wird's nicht mehr!

AUFS MAUL
BÖZKURT IST DER MACHT
KEVIN WAR HIER 2011
WER DAS LIEST IST DOOF
NAZIS
I LOVE MENDY
SEX!
PUNKS NOT DEAD
HIP HOP
ACAB
LOVE
HANNOVER 96
SLAYER
MOIN
HIP HOP FOR EVER
666 SATAN
FB SUCKS
IRGENDWANN KAMEN IMMER MEHR VON DIESEN KUNST-FREAKS IN UNSERE SCHULTOILETTE.

Nie mehr unter Halbwüchsigen

Die Zeit in der Oberstufe, kurz nach dem Erwachen aus dem Hormonkoma der Pubertät, birgt erheblich erniedrigendes Potenzial, weil man von dort aus den verpickelten Freaks der Mittelstufe bei ihrem sinnentleerten Spiel zuschauen muss, wohl ahnend, wie gehirnentzündet man sich selber vor nicht mal einem Jahr verhalten haben mag.

Dank des Abiturs müssen Sie sich diese abschreckenden Bilder nicht mehr antun. Ob die nun in Aussicht stehende Aussicht auf den täglichen Anblick businessgedresster Gleich-gesichter indes erheblich besser ist, sei einfach mal dahingestellt. Aber selbst wenn Ihnen in schwachen Momenten die Testosteron- und Östrogenmonsterchen sympathischer erscheinen sollten, dürfen Sie trotzdem nie den entscheidenden Fehler begehen und Lehrer werden. Lebenslänglich Schule, was für eine Opfer-Zukunft ist das denn bitte?

Nie mehr sonntags ausschlafen

Das klingt erst mal nach schlechten Nachrichten: Sonntägliches Ausschlafen, das war einmal! Die Chill-out-Zone Ihrer vollgepackten Schulwochen, der Platz an der Sonne Ihres eigenen Biorhythmus, hat nun für Sie endgültig ausgedient. Es ist für Sie in Zukunft leider unmöglich, sonntags bis zum frühen Abend in der Kiste zu liegen, weil man dafür einfach viel zu ausgeschlafen ist!

Es ist dabei völlig egal, wie heftig Sie bei den zahllosen Abschlusspartys Gas geben mögen, es reicht einfach nicht mehr für den rituellen Totensonntag, wenn man unter der Woche keinen Tag vor 14 Uhr aus dem Bett findet. Damit geht zwar eines der schönsten Stücke Jugend verloren, aber tragen Sie es mit Fassung: Das Unterschichten-TV der Wochennachmittage hat einen erheblichen Unterhaltungswert. Und passt rein intellektuell hervorragend zu den Folgen Ihrer Jägermeister-Red-Bull-Hirnverletzung, mit der Sie sich in nächster Zeit regelmäßig rumschlagen müssen.

Nie mehr Kurstreffen

Es ist Ihnen sicher gleich nach der Wahl Ihrer Leistungskurse aufgefallen, wie viele Vollpfosten und Nerds sich ausgerechnet für Ihre Lieblingsfächer interessieren. Da kann dann schon mal Selbstzweifel aufkommen, wenn man regelmäßig unter die vereinigten Parias der Jahrgangsstufe zum Kurstreffen muss.

Aber auch diese Qual hat nun endlich ein Ende. Erbärmlich öde Abende mit der fleischgewordenen Langeweile aus Kurskommilitonen und Fachbereichsleitung, nur noch getoppt durch widerwärtigste Schleimattacken, werden Sie so nie wieder erleben. Oder genauer: erleben dürfen. Denn das, was Sie bisher als größte denkbare Groteske eines netten Abends empfunden haben, ist die reinste Bottleparty gegen die Erlebnisse, die auf den Firmenweihnachtsfeiern und Betriebsausflügen Ihrer Karriere auf Sie lauern. Laden Sie den Kurs darum lieber noch mal auf ein Abschiedstreffen ein und machen Sie Fotos. Das wird Sie später trösten!

NEIN, DASS NAPOLEON "IN UNSER ALLER HERZEN WEITERLEBT", REICHT MIR ALS ANTWORT **NICHT** AUS!
Alexander der Große
356 v. Chr. – 323 v. Chr.
Julius Cäsar
100 v. Chr. – 44 v. Chr.
Napoleon

Nie mehr Schulmessen

Staat und Religion sind strikt voneinander getrennt. Zumindest, wenn man in der Türkei lebt. Ist man allerdings in Deutschland auf den Erdballen gefallen, sind die Regeln doch noch um einiges fundamentalistischer.

Die Hoffnung etwa, dass die letztlich erzwungene Teilnahme an Schulgottesdiensten für eine Schadensersatzforderung ausreicht, können Sie sich indes schenken. Schulgottesdienste sind nichts weiter als ein Training für kommende Fortbildungsseminare, in denen, Sie werden es sehen, auch viel Zeug erzählt wird, das kaum einer glaubt und garantiert keinen interessiert. Nur, dass hier blöde Witzchen aus der letzten Reihe nicht mit Hofdienst, sondern mit einer satten Abmahnung bestraft werden.
Was man eben auch im Schulgottesdienst hätte lernen können:
Die kleinen Sünden straft der liebe Boss sofort!

Endlich Frischfleisch

Wir haben von der Werbung gelernt, guten alten Freunden gibt man ein Küsschen oder gar zwei. Beim dritten oder gar vierten fängt die Sache dann aber an, langweilig zu werden. Weil Sie in Ihrem bisherigen schulischen Jagdgebiet wahrscheinlich alles halbwegs brauchbare Beutegut schon mehrfach aufgerissen haben, ...

... ist der nun dank Abitur unvermeidbar anstehende Wechsel auf neues Terrain auch die Gelegenheit, mal wieder richtig Frischfleisch zu stellen. Vorsicht: In den neuen Revieren sind manche Opfer verheiratet, was zu erheblichen Auseinandersetzungen mit einem gleichgeschlechtlichen Artgenossen führen kann. Außerdem lockt direkt am Schreibtisch gemachte Beute schnell die Geier an, die sich dann mit ihrem losen Schnabel an dem Kadaver Ihrer beruflichen Existenz gütlich tun. Kennen Sie den Spruch: Niemals den Füller in die Firmentinte? Auch wenn Sie nicht genau wissen, was so ein Füller wohl sein mag: Halten Sie sich einfach dran!

Per Du mit dem OStR

Die Sprache ist der Ausweis der intellektuellen Ligazugehörigkeit. Kein Wunder, dass der in der Oberstufe gepflegte, elaborierte Ton der Ansprache, nämlich Vorname plus Sie („Thomas, Sabine, würden Sie bitte aufhören, unter der Bank Liebe zu machen?") genau das Gegenteil des restringierten Umgangstons der Kaste der Supermarktkassiererinnen ist („Frau Schmidt, tust du jetzt Pause machen?").

Mit dem bestandenen Abitur fallen bei Ihren Lehrmeistern hier nun alle Hemmungen. Durch die Bewältigung der titanischen Denkaufgaben des Abiturs sind Sie nun Teil einer elitären Denkerwelt, in der sogar der OStR einen Vornamen hat und auf die Nennung des Doktortitels verzichtet. Das angebotene Du können Sie bedenkenlos entgegennehmen, die Einladung, Sie mit nach Hause zu nehmen, um dort auf das Du anzustoßen, vielleicht lieber nicht. Schließlich können Sie nicht mehr zum Direktor gehen, und als Druckmittel für bessere Noten taugt es auch nicht mehr.

Nie mehr Berufs-informationsabend

Wer schon als Kind das Sandmännchen und seine modernen Nachfolger wie Harry Potter heiß und innig liebte, wird es vielleicht bedauern: Der Berufsinformationsabend, diese Tolkien'sche Show aus dem deutschen Berufsmärchenwald, muss nun leider von der Liste besonderer Abendvergnügungen gestrichen werden.

Es waren aber auch echte Mega-Events, wie da in der Turnhalle Ihres Gymnasiums schneidige Polizisten und smarte Bankangestellte um Ihre Gunst gebuhlt haben. Leider entspricht nichts dieser Illusion einer zukünftigen beruflichen Wirklichkeit. Was übrigens genau der Grund dafür ist, dass Schnaps in Tankstellen gleich neben der Kasse steht. Wenn Sie auch in Zukunft live erzählte Märchen aus einer heilen Welt hören wollen, sollten Sie regelmäßig mit Versicherungsagenten verkehren. Sollte dieser Umgang finanzielle Schieflagen verursachen, heißt es: erst recht weitermachen. Denn bekanntlich versetzt der Glaube Berge, warum also nicht auch Schuldenberge!

ABI '98
abi 07
ABI 2010
ABI 02
ABI 95

Nie mehr Abi-Ball

Leben heißt vor allem eins: Enttäuschungen verkraften. Und wohl nur aus diesem Grund schufen Schülermitverwaltung, Schulleitung und Eltern-beirat den Abi-Ball, der seither im Vorfeld emotional so aufgeplustert wird, dass diese Sause nur in einer Katastrophe enden kann.

Eingepfercht in absurde Etikette und Kleidung aus Uncoolistan, hat man beim Abi-Ball eine wichtige Lektion lernen können. Gute Miene zum bösen Spiel machen und den Mummenschanz bis zum bitteren Ende aussitzen. Was, Ihnen hat es super gefallen und echt Spaß gemacht? Dann gratulieren wir Ihnen gleich noch mal, mit so wenig Anspruch an einen perfekten Abend werden Sie ein glückliches Leben führen. Viel Vergnügen muss man Ihnen ja nicht wünschen, für Sie ist wahrscheinlich eine Runde Mikado ein orgiastisches Erlebnis. Bleiben Sie so, das macht vieles leichter!

Nie mehr Strafarbeit und Nachsitzen

Nachsitzen und Strafarbeiten, seien Sie versichert, sind Repressionswerkzeuge, die Ihnen so nie wieder unterkommen werden.

Im Gegenteil, statt wegen irgendwelcher Verfehlungen ungewollt mit Mehrarbeit konfrontiert zu werden, führen auch kleinere Verstöße im Beruf heutzutage zur fristlosen Kündigung und somit zu mehr Freizeit, als Ihnen lieb sein wird. Um dem Schicksal der erzwungenen Tatenlosigkeit zu entgehen, empfiehlt es sich, die Erfahrung aus Zeitaufwand für Strafreferate nutzbringend in die Bereitschaft zu unbezahlten Überstunden umzuwandeln. Das wird zwar auch nicht verhindern, dass Ihr Job früher oder später von einem Computer übernommen wird, aber es wird Ihrem Chef echt wehtun, wenn er Sie entlassen muss. Und auf solche menschlichen Momente kommt es im Leben schließlich an!

Nie mehr Konfliktlotse

Was haben Chuck Norris, Jackie Chang und die Klitschko-Brüder gemeinsam? Sie sind zu einer Zeit zur Schule gegangen, in der es noch keine Oberschüler mit dem Auftrag gab, Frieden auf dem Schulhof zu stiften.

Zum Glück, zumindest für die Oberschüler dieser Generationen. Da hatten Sie es weitaus schwerer, denn als feige Lehrer angesichts der wachsenden Sittenverrohung auf die Idee kamen, ihre Oberstufenschüler dem Tertianer-Mob als Konfliktlotsen zum Fraß vorzuwerfen, waren Ihre ruhigen Momente in der Raucherecke leider gezählt. Das hat nun ein Ende. Dort, wo Sie nun hingehen, braucht man keine Konfliktlotsen mehr. Die würden in dem Massaker der Ellbogen und dem Wettlauf über die Leichenberge sowieso nicht überleben.
Let´s get ready to rumble!

NACH 6 WOCHEN SOMMERFERIEN
WAR DAS VERGESSENE PAUSENBROT
ETWAS BÖSE AUF MARCO.

Nie mehr Landschulheim

Dass die Verfrachtung von Jugendlichen in sogenannte „Landschulheime" immer noch eine staatlich sanktionierte Praxis ist, schreit geradezu zum Himmel. Sie selbst haben gesehen, wie dort düstere Alkoholiker- oder Hooligan-Karrieren aus der Verzweiflung abgrundtiefer Langeweile ihren Anfang genommen haben.

Dieser Gefahr sind Sie nun, nach der erfolgreichen Entlassung aus dem deutschen Schulbildungssystem, glücklich entkommen. Vor Ihnen liegt nunmehr eine glorreiche Reiseunterbringungszukunft als Backpacker in den Youth Hostels. Nicht, dass dort weniger gesoffen oder zerstört würde als in den Landschulheimen, aber es hört sich 100-mal cooler an. Und beim Fummeln stört kein Lehrer mit Kontrollbesuch im Zimmer. Ein echter Fortschritt also, genießen Sie es!

Endlich Abi-Jahrgangs-treffen

Na, sind Sie auch so froh, endlich nicht mehr täglich die doofen Scoutranzen-Visagen sehen zu müssen, die Sie durch Ihre Schulzeit und damit durch die hochnotpeinlichste Zeit Ihres Lebens begleitet haben? Endlich Abi heißt, endlich weg von der ehemaligen Clearasil-Gang, die immer noch Koma-Fotos von der After-Trichtersaufen-Show auf irgendwelchen Handys hat.

Freuen Sie sich aber lieber nicht zu früh und gucken Sie sich lieber die glattgeleckten Fuzzis an, die Ihre Eltern zu ihren Stock-im-Arsch-After-Job-Partys einladen. Auch unerfreulich, oder? Verlieren Sie darum lieber keine Zeit, organisieren Sie Abi-Jahrgangstreffen, am besten ab jetzt gleich und das für jede Woche! Oder, noch besser, überreden Sie Ihre Jahrgangsstufe zu einem kollektiven Abiturlehrgang an der Abendschule. Doppelt genäht hält schließlich besser, denn seien Sie versichert: Egal, wie viele Nerds in Ihrer Stufe waren, es kann da draußen eigentlich nur noch schlimmer werden!

Nie mehr Einträge ins Klassenbuch

Mit der Reifeprüfung erreicht man nicht nur den Zugang zu höheren Gehaltsklassen, sondern auch in ein völlig neues Rechtssystem, in dem die guten alten Regeln wie „dreimal Klassenbuch – ab zum Direktor" nicht mehr gelten.

Das Rechtswesen jenseits der Oberstufe ist sehr viel komplexer und macht leider nicht bei Nachsitzen, Strafarbeit oder Tafeldienst halt. Es wird in Ihrem Leben mit Sicherheit immer wieder Situationen geben, in denen Sie es sich wünschen würden, alternativ zum nun drohenden Strafmaß einen Eintrag ins Klassenbuch wählen zu können. Auch das Frühwarnsystem blauer Brief ist außer Betrieb, ein Signal, das Sie besonders beim Umgang mit dem Finanzamt noch häufiger vermissen werden. Wenn es in Zukunft Einträge gibt, dann in Ihre Personalakte oder bei der Schufa, und dagegen, seien Sie sicher, war das Klassenbuch echt Kindergarten.

Ich darf meine Schultasche nicht im Weg liegen lassen
Ich darf meine Schultasche nicht im Weg liegen lassen
Ich darf meine Schultasche nicht im Weg liegen lassen
Ich darf meine Schultasche nicht im Weg liegen lassen

Der Freischein für Partys

Abi geschafft? Dann nix wie Party on, es ist die erste und leider einzige Zeit in Ihrem Leben, in der Ihnen Ihre Umwelt einen mehrmonatigen Dauerrausch, einen Trip rund um den Globus, das totale Abhängen und Nichtstun bis zur völligen Erstarrung vor der Glotze nicht verübeln wird.

In spätestens fünf Jahren ist jede dieser Verhaltensweisen dazu geeignet, Sie sozial zu ruinieren und Ihren bis dahin zahlreich gewordenen Widersachern die Waffen in die Hand zu spielen, um Sie endgültig zu vernichten. Wem diese Aussichten zu düster sind, bleibt der Ausweg nach Goa und die Möglichkeit, vom Abi-Trip direkt in den Burn-out-Ausstieg zu wechseln. Bis dahin wartet aber noch eine Armada Jägermeister-Red-Bull auf ihre vollständige Vernichtung. Geben Sie alles, noch lässt man Sie ja!

Endlich stolze Eltern

Ihre Eltern, Sie haben es im tiefsten Herzen stets geahnt, hatten es weiß Gott nicht leicht mit Ihnen. Weder hat es zum Tennisprofi noch Fußballstar gereicht, und dass man Ihnen ein Buch wie dieses hier schenkt, ist ein untrügliches Indiz dafür, dass es auch kaum für eine Platzierung bei „Jugend forscht" gereicht haben kann.

Alle sind heute einfach megafroh, dass Sie mit Ihrem Abi nun auch mal was Geschafft! haben. Wecken Sie jetzt mit Ihrem Erfolg um Gottes Willen keine neuen Erwartungshaltungen, die Sie sicher nur enttäuschen würden. Bleiben Sie sich selbst treu, verbummeln Sie die nächsten zwei Jahre und schaffen Sie so ein häusliches Klima, in dem sogar eine Umschulungsmaßnahme des Arbeitsamtes einen Sektempfang wert ist. Das erhöht die Chance auf Glücksmomente für Ihre Altvordern und erfüllt das Lebensmotto der Hopi-Abiturianer: Ein gutes Pferd springt knapp!

HAU AB, STREBER!

Endlich fast schon Dr.

War das Abi selbst eine ziemliche Schinderei, egal, ob man seine Energie ins Büffeln oder in strafrechtlich relevanten Betrug investiert hat, kommt nun mit erfolgtem Abschluss der Rest ganz easy daher. Einen Doktortitel etwa sichert man sich leicht und locker in jeder In-Disco, wenn man nur 20% seines Barkeepergehalts in einen Ghostwriter investiert.

Sollten Sie eher furchtsamerer Natur sein und Angst haben, dass ein solcher Betrug möglicherweise auffliegt, empfiehlt sich eine Geldanlage in Docs wie seltene hebräische Dialekte oder in Betriebswirtschaft, wo Vermutung jedes Wissen toppt und Sie nicht so schnell auffliegen wie etwa als Doktor der Hirnchirurgie. Tipp: Suchen Sie sich ein 2-zum-Preis-von-1-Angebot im Internet und shoppen Sie sich mit einem Dr. Dr. in eine Verwaltungsratsposition, wo aus Berufsethos nie gearbeitet und Ihre Unkenntnis somit niemals auffällt!

www.lappan.de

Geschafft

Was Frauen & Männer nicht mehr tun müssen!

ISBN 978-3-8303-4207-6

ISBN 978-3-8303-4203-8

ISBN 978-3-8303-4208-3

ISBN 978-3-8303-4204-5

ISBN 978-3-8303-4209-0

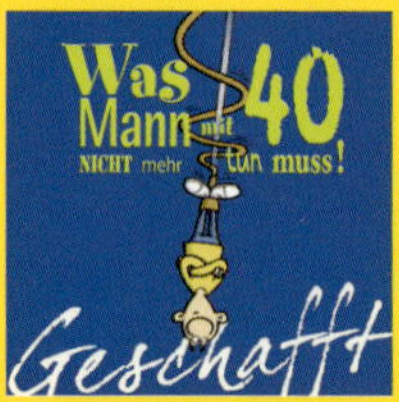

ISBN 978-3-8303-4205-2

ISBN 978-3-8303-4210-6

ISBN 978-3-8303-4206-9

ISBN 978-3-8303-4239-7

ISBN 978-3-8303-4238-0

ISBN 978-3-8303-4283-0

ISBN 978-3-8303-4282-3